Dieses Buch ist in der außergewöhnlichen Zeit der Corona-Pandemie entstanden. Danke an alle begeisterungsfähigen und kreativen Menschen, die mich dabei auf unterschiedliche Weise unterstützt haben: Martina, Charlotte, Robin, Basti, Arend, Jannick, Leon, Laura, Lari, Gesa, Christine, Simone, Christof

Antje Suhr

Die 50 besten
Gruppenspiele
mit Abstand

MiniSpielothek

Gerne nehmen wir Ihre Anregungen,
Wünsche, Kritik oder Fragen entgegen:
Don Bosco Medien GmbH, Sieboldstraße 11, 81669 München
anregungen@donbosco-medien.de
Servicetelefon: 089 / 48008-341

Bibliografische Information der Deutschen Nationalbibliothek

Die Deutsche Nationalbibliothek verzeichnet diese Publikation in
der Deutschen Nationalbibliografie; detaillierte bibliografische
Daten sind im Internet über http://dnb.d-nb.de abrufbar.

klimaneutral
gedruckt
www.klima-druck.de
ID-Nr. 2093051

bvdm.

2. Auflage 2020 / ISBN 978-3-7698-2503-9
© 2020 Don Bosco Medien GmbH, München
www.donbosco-medien.de
Umschlag: Don Bosco Medien GmbH, München
Umschlaggrafik: Nach einer Idee von Manfred Lehner,
Figuren aus „1000 Siluetas"
Layout: Alexandra Paulus
Satz: Don Bosco Medien GmbH, München
Druck: Don Bosco Druck & Design, Ensdorf

Gedruckt auf umweltfreundlichem Papier

Inhalt

Make the best of it!

Rudolf Wollersheim

Die mit Abstand besten Finger- spiele & Lieder

Nah und fern

Zehn Finger hier, die wüssten gern,	*alle zehn Finger zeigen*
was ist nah und was ist fern,	*fragend gucken, Arme zur Seite*
Klatscht man alle zehn zusammen,	*Hände zusammenklatschen*
reibt man sie, mal hin, mal her,	*Hände längs und quer reiben*
faltet sie, mal so, mal anders,	*Finger verschränken, dann Hände umgreifen*
nennt man's nah und das wärmt sehr.	*so beibehalten wie zuvor*
Fern ist, wenn sie sich kaum sehen,	*Arme seitlich auseinanderstrecken*
ihre eigenen Wege gehen.	*mit abgespreizten Fingern wackeln*
Sich mit Abstand zwar auch winken,	*Hände winken sich zu*
in die Höhe steigen und sinken.	*Arme hoch und runter bewegen*
Jetzt ist allen sonnenklar,	*Arme seitlich wieder strecken*
das ist fern und das ist nah!	*bei „nah" Hände zusammenklatschen*

Naseputzen

5 Freunde wollen wissen, wie man richtig Nase putzt.	*Finger zeigen, fragend gucken*
Der Erste, kleine, kräftige, rät: „Laufen lassen, ist das, was nutzt."	*Daumen wackelt, Daumen hoch*
Der Zweite schimpft: „So geht das nicht, dann läuft die Rotze durchs Gesicht."	*„Schimpfenden" Zeigefinger zeigen*
Der Dritte sagt: „Ich nehm den Pulli", der Vierte ruft: „Bist du denn dulli?"	*Drei Finger zeigen, Ärmel greifen, mit Finger „Vogel" zeigen*
Der Fünfte sagt: „Jetzt kommt der Clou."	*fünf Finger zeigen, mit Zeigefinger von Stirn wegschnellen*
„Taschentuch genommen, (reingeschnäuzt), Abfalleimer auf ... Und wieder zu."	*Viereck in die Luft malen, (so tun, als ob man schnäuzt), Zehen eines Fußes heben und senken*
Fünf Finger von der anderen Hand, melden sich jetzt ganz gebannt:	*zweite Hand geöffnet zeigen*
„Hey, jetzt braucht ihr uns dabei, Händewaschen ist an der Reih,	*Hand wackelt, beide Hände zusammennehmen*

waschen, rubbeln, das ist schön, so, das war's schon, spielen gehn!"

Hände zusammenreiben, beide Arme freudvoll hochstrecken

Einen Gruß mit dem Fuß

Einen Gruß mit dem Fuß, schaut gut zu, heute geht das ohne Sock'n und Schuh!	*Auf Fuß/Füße zeigen -Schuhe und Socken spätestens jetzt ausziehen*
Winkt mal hin, winkt mal her,	*mit Füßen winken*
das klappt gut und freut mich sehr!	*Daumen hoch*
Einen Gruß mit dem Fuß, passt gut auf, wir malen/kleben jetzt ein Smiley drauf.	*mit Schminkstift einen Smiley auf jeden Fuß malen/kleben*
Lasst ihn springen hoch und runter,	*Fuß/Füße hoch und runter bewegen*
das klappt gut und macht ihn munter.	*Daumen hoch*
Einen Gruß mit dem Fuß, lasst mal sehn, wie die Smileys sich im Kreise drehn!	*Mit Finger Kreis zeigen*
Dreht mal so und mal so,	*Fuß/Füße gegen und im Uhrzeigersinn bewegen*
das klappt gut und macht ihn froh!	*Daumen hoch*

So ein Fuß nach 'nem Gruß

auf Fuß zeigen

braucht bei so viel Tun, auch mal Zeit sich auszuruhn.

Kopf auf zusammengelegte Hände legen

Schlüpft in seine Socke rein
... und schläft ein!

Socken wieder anziehen

Pit und Klaus sind krank

Pit und Klaus, die sich gerne sehn,	*beide Daumen zeigen, Hand über Augen halten*
können's kaum verstehen,	*beide Arme seitlich hochhalten, fragend gucken*
heute nicht zum Sport zu gehn.	*Arme in U-Halte, Fäuste bilden*
Doch beide husten schwer,	*in Armbeuge husten*
die Nasen laufen sehr,	*Finger beider Hände vor Nase bewegen*
ein Taschentuch muss her!	*Viereck in die Luft malen*
So ruhen sie sich aus	*Kopf auf zusammengelegte Hände legen*
und bleiben heut Zuhaus.	*Haus über Kopf bilden*
Der Pit und auch der Klaus,	*beide Daumen nacheinander zeigen*
sie wickeln sich ins Kuscheltuch	*pantomimisch einwickeln*
und lesen dann ihr Lieblingsbuch.	*mit Händen Buch bilden*
Das ist doch richtig klug!	*Zeigefingerspitze an Schläfe tippen*
So sind bald Klaus und Pit	*beide Daumen zeigen*

schon wieder superfit	*in den Hampelmann springen*
und turnen wieder mit!	*Arme in U-Halte, Fäuste bilden*

Kopf bis Fuß-Begrüßung

Hallo Du! Ich schick dir einen Morgen-Gruß. Hallo Du, heute mal von Kopf bis Fuß!

Los geht es mit dem Haar, wo ist das nochmal? – DA! Wir schütteln unsere Haare sehr – jetzt noch mehr!

Jetzt die Schultern mit Hurra! Wo sind die nochmal? DA! Wir wackeln mit den Schultern sehr – jetzt noch mehr!

Auch die Arme mit Hurra! Wo sind die nochmal? DA! Wir kreisen unsere Arme sehr – jetzt noch mehr!

10 Finger, das ist allen klar! Wo sind die nochmal? DA! Wir wackeln mit den Fingern sehr – jetzt noch mehr!

Jetzt sind die Beine dran, hurra! Wo sind die nochmal? DA! Wir stampfen mit den Beinen sehr – jetzt noch mehr!

Die Füße sind jetzt dran, hurra! Wo sind die nochmal? DA! Wir winken mit den Füßen sehr – jetzt noch mehr!

Und, na klar, zum Schluss der Po, den kennen alle sowieso! Wir wackeln mit dem Po und das geht so!

Hallo Du, das war unser Morgen-Gruß, hallo Du, heute mal von Kopf bis Fuß!

Das andere Begrüßungslied

(Melodie: Alle Vögel sind schon da)

Alle Kinder sind schon da, alle Kinder alle. Das ist das Begrüßungslied, alle Kinder machen mit, heut soll es mal anders sein, stell dich doch mal auf ein Bein.

Alle Kinder sind schon da, alle Kinder alle. Das ist das Begrüßungslied, alle Kinder machen mit, heut soll es mal anders sein, grunze doch mal wie ein Schwein.

Alle Kinder sind schon da, alle Kinder alle. Das ist das Begrüßungslied, alle Kinder machen mit, heut soll es mal anders sein, mach dich doch mal klitzeklein.

Alle Kinder sind schon da, alle Kinder alle. Das ist das Begrüßungslied, alle Kinder machen mit, heut soll es mal anders sein, kugle dich mal richtig ein.

Alle Kinder sind schon da, alle Kinder alle. Das ist das Begrüßungslied, alle Kinder machen mit, heut mal anders, doch so war's, auch ein riesengroßer Spaß!

Was sind denn bloß zwei Meter

(Melodie: Grün, grün, grün sind alle meine Kleider)

Was sind denn, was sind denn bloß zwei Meter?
Was heißt das, was heißt das denn genau?
Nimm dir einen Zollstock, leg ihn auf den Boden,
klebe dir zwei Linien, dann weißt du es genau!

Was mach ich, was mach ich mit dem Abstand?
Was kann ich, was kann ich damit tun?
Hol dir Duplosteine, lege sie dazwischen,
zähle sie mal ab, das kannst du damit tun!

Was soll denn, was soll denn dieser Abstand?
Was mach ich, was mach ich jetzt damit?
Um gesund zu bleiben, vorsichtig wir sind,
halten nun den Abstand auch von Kind zu Kind!

Händewaschen ist ganz leicht

(Melodie: Bruder Jacob)

Hände waschen, Hände waschen
ist ganz leicht, ist ganz leicht,
das kann jeder lernen, das kann jeder lernen
schrupp, schrupp, schrupp.

Erst die Seife, erst die Seife
in die Hand, in die Hand,
jetzt wird sie verrieben, jetzt wird sie verrieben
schrupp, schrupp, schrupp.

Alle Finger, alle Finger
reib sie ein, reib sie ein,
eine ganze Weile, eine ganze Weile
schrupp, schrupp, schrupp.

Jetzt kommt Wasser, jetzt kommt Wasser
auf die Hand, auf die Hand,
um sie abzuwaschen, um sie abzuwaschen
schrupp, schrupp, schrupp.

*Nimm dein Handtuch, nimm dein Handtuch
in die Hand, in die Hand,
jetzt sind beide Hände, jetzt sind beide Hände
blitzeblank, blitzeblank.*

Richtig Händewaschen

(Melodie: Brüderchen, komm tanz mit mir)

*Hey, ihr Lieben/Name des Kindes komm(t) zu mir,
Händewaschen wollen wir, 10x hin, 10x her, (hier
unterbrechen und bis 10 zählen) richtig waschen
ist nicht schwer!*

*Ei, das habt ihr (hast du) gut gemacht, Fingerspit-
zen auch bedacht? (Fingerspitzen einer Hand in
der anderen Handfläche kreisen lassen) 10x hin,
10x her (wieder bis zehn zählen), rundherum, das
ist nicht schwer!*

*Jeder Finger will mal dran (jeden Finger einzeln
waschen), alles ist ganz sauber dann! 10x hin, 10x
her, Fingerwaschen ist nicht schwer!*

Bis 30 gezählt

(Melodie: Es klappert die Mühle am rauschenden Bach)

Bis 30 gezählt, ihr werdet gleich sehn, wasch, wasch

Bis 30 gezählt, das wird schon gehen, wasch, wasch

Bis 30 gezählt international

Bis 10 geht's leicht und das jetzt 3-mal, wasch wasch, wasch, wasch, wasch wasch!

Daraufhin zählen die Kinder zusammen 3-mal bis 10, möglichst auf den Sprachen, die in der Gruppe vertreten sind und von den jeweiligen Kindern vorgetragen werden können. Je internationaler, desto wertschätzender und bunter! Und wer weiß, auf wie vielen Sprachen alle Kinder später bis 10 zählen können!

Ein, zwei, drei, vier, fünf, sechs, sieben, acht, neun, zehn!

One, two, three, four, five, six, seven, eight, nine, ten

Un, deux, trois, quatre, cinq, six, sept, huit, neuf, dix

Een, twee, drie, vier, vijf, zes, zeven, acht, negen, tien

Das bisschen Abstand

(Melodie: Alle meine Entchen)

Hast du Lust zu hüpfen/stampfen/drehen, hüpfen hin und her, hüpfen hin und her? Und das bisschen Abstand halten, fällt doch gar nicht schwer. Und das bisschen Abstand halten, fällt doch gar nicht schwer!

Oh je, jetzt muss ich niesen! Ich dreh mich schnell weg, ich dreh mich schnell weg. Niese in die Ellenbeuge, das macht keinen Dreck. Niese in die Ellenbeuge, das macht keinen Dreck.

Und jetzt auch noch schnäuzen! In ein frisches Tuch, in ein frisches Tuch. Das kommt sofort in den Müll, einmal ist genug. Das kommt sofort in den Müll, einmal ist genug.

Ich wasche noch mit Seife, gründlich jede Hand, gründlich jede Hand. .Alles ist nun sauber, die Gefahr gebannt. Alles ist nun sauber, die Gefahr gebannt.

Ich brauch mal' ne Umarmung!

(Melodie: Der Kuckuck und der Esel)

Ich brauch mal 'ne Umarmung, ich sitz hier ganz allein! Was kann ich jetzt bloß machen, was kann ich jetzt bloß machen? Mir fällt schon etwas ein, mir fällt schon etwas ein!

Ich hol mir eine Decke, ganz wohlig, warm und weich! Dazu Musik zum Träumen, dazu Musik zum Träumen. Flieg ich ins Kuschelreich, flieg ich ins Kuschelreich!

Mein Teddy, der ist bei mir, den hab ich fest im Arm! Zusammen schmust man besser, zusammen schmust man besser. Zusammen wird uns warm, zusammen wird uns warm!

Ich drück mich selbst ganz feste, wenn ich meine Freunde seh, so halten wir zusammen, so halten wir zusammen. Und Abstand tut nicht weh, und Abstand tut nicht weh!

Die mit Abstand besten Kreis-spiele

Der Begrüßungs-Rap

Achtung! Herschauen!

Macht alle mit, macht alle mit!

Wir machen jetzt

den Begrüßungs-Hit, den Begrüßungs-Hit!

Arme strecken

und zurück, und zurück.

Jetzt mal groß

und dann gebückt, und dann gebückt.

Die Hände klatschen.

Die Beine patschen, die Beine patschen.

Rundrum drehen,

auf die Zehen, auf die Zehen.

Stopp, jetzt bleibt mal alle stehn.

Setzen, lächeln, spielen gehn, spielen gehn!

(Puh, jetzt gab's echt viel lächeln, jetzt ausruhn, jetzt ausruhn!)

Kommando-Let's fetz

Alle Kinder verteilen sich auf den Mousepads. Der Spielleiter oder ein Kind gibt verschiedene Kommandos vor, die von den anderen möglichst schnell ausgeführt werden sollen.

Kommando 1: Alle springen hoch und winken.

Kommando 2: Alle klatschen in die Hände.

Kommando 3: Alle stellen sich auf ein Bein.

Kommando 4: Alle gehen in die Hocke.

Kommando 5: Alle stellen sich auf die Zehenspitzen.

Sagt der Spielleiter „Kommando" und nennt dazu eine Zahl von 1-5 dabei, ändert sich die Aufgabe, wie oben beschrieben. Nennt der Spielleiter nur die Zahl, verbleiben alle Mitspieler in der letzten Bewegungsaufgabe. Wer trotzdem wechselt, gibt die nächsten Anweisungen.

Material

pro Kind einen Stuhl oder ein Mousepad (in vielen Läden günstig erhältlich), alternativ kann auch die „gute alte" Teppichfliese zum Einsatz kommen

Die 2-Meter-Suche

Zu Spielbeginn haben die mitspielenden Kinder die Aufgabe, zu zeigen, wie groß ungefähr eine Ameise, ein Hund, ein Hamster, ein Frosch, ein Pferd, ein Elefant … ist. Das tun sie, indem sie nacheinander zur mittig stehenden Poolnudel kommen und die Größe an der Poolnudel zeigen. Alle überlegen zusammen, ob die angegebene Größe wohl kleiner oder größer als die 2 Meter lange Poolnudel sind oder aber ihr entsprechen. Danach wird jedem Kind geheim ein Schleichtier gegeben, das es in den Händen/hinter dem Rücken versteckt. Der Spielleiter spricht die einzelnen Sätze vor, die Kinder wiederholen sie:

„Wir gehn auf 2-Meter-Suche!" – „Wie gehn auf 2-Meter-Suche!" – „Könnten das zwei Meter sein?" – „Könnten das zwei Meter sein?

Ein Kind wird nun gebeten, das eigene Tierbild/Tier zu zeigen. Kinder gucken und rufen:

„Nein, das ist viel zu klein!"

Oder aber:

„Ja, das stimmt"!

Poolnudel mit aufgemalter Maßeinheit von 10 cm bis 2 Metern, pro Kind eine Tierkarte oder ein Schleichtier

Differenzierung

Um im wahrsten Sinne des Wortes zu „begreifen", wie groß oder lang verschiedene Tiere werden können, kann daraus ein Projekt werden. Die Kinder sammeln Informationen zu der tatsächlichen Größe der Tiere und messen mit Zollstock oder Messband die Größen/Längen im Raum/Außengelände ab. Einige Tiergrößen/-längen könnten zudem mit Kreide auf den Boden gemalt oder als Schablone ausgeschnitten werden.

Eine bewegte Seil-Geschichte

Alles, was im Gedicht angesprochen wird, lässt sich mit einem Springseil leicht in einem Bewegungsraum umsetzen.

Hier liegt mein Seilchen, ganz ruhig und still, ich mach jetzt damit, was ich will!

Ich stelle mich drauf, und drehe mich rum, und hoffe, ich falle dabei nicht um!

Balanciere ein Stück, das ist ganz schön schwer, ich gehe mal hin und mal her!

Ich leg es zum Kreis und kann mittig stehn und mich sogar ganz schnell darin drehn!

Jetzt schlängle ich es, so wird's eine Schlange und wenn ich laut zische, dann wird ihr bange!

Ich springe oft drüber, ganz so, wie ich will, dann liegen mein Seilchen und ich ganz still!

Material

für jedes Kind ein Springseil

Hausputz mal anders

Alle Kinder sitzen im Kreis auf dem Boden und erhalten für den gleich startenden Hausputz einen ungewöhnlichen Putzlappen (Zeitungsblatt). Die Füße auf die Zeitung gestellt, geht es nun mit der großen Wischaktion los: jeder putzt sitzend vor und hinter sich, seitlich und auf dem Po kreisend. Nachdem der Boden blitzeblank ist, widmen wir uns daraufhin den Fenstern und Wänden. Dafür wird ein Ball aus dem Zeitungsbogen geformt, der „Schwamm" wird zwischen die Füße geklemmt und das fleißige Fenster- bzw. Wandputzen kann beginnen. Wer hilft beim Reinigen der Decke?

pro Kind einen Zeitungsbogen und ein Mousepad oder einen Reifen oder eine Teppichfliese

Vorsicht, Herr Sauber-mann wird wach!

Alle Kinder bekommen einen Schwamm, mit dem sie die Fenster bzw. die Decke putzen sollen. Ein Kind/ Erzieher spielt „Herrn Saubermann" und kontrolliert die Kinder beim Putzen. Da Herr Saubermann sehr müde ist, schläft er bei seiner Kontrolle immer wieder ein, woraufhin die Kinder sofort ihre Schwämme durch den Raum werfen. Sobald Herr Saubermann die Augen aufmacht – nachdem er sich zuvor aber erst einmal genüsslich gereckt und gestreckt hat – müssen sich alle Kinder schnell wieder einen Schwamm holen/zuwerfen lassen, ohne dabei das Mousepad zu verlassen, und weiterputzen. Ein Kind, das besonders schnell wieder wischt, darf der neue Herr Saubermann sein!

Material

pro Kind einen Schwamm und ein Mousepad, ggf. Kissen für Herrn Saubermann

Virus & Baktus-Ampel

Aus alten Fotobeständen des Kita-/Schul-Alltags werden Aufnahmen ausgesucht, gedruckt und laminiert, auf denen Kinder mit und auch ohne räumlichen Abstand zu sehen sind oder auch Situationen (z.B. offener Abfalleimer mit vielen benutzen Taschentüchern). Sobald eines der Fotos den Kindern gezeigt wird, überlegen sie schnell, ob sie die rote, gelbe oder grüne Farbkarte in die Luft halten. Danach wird kurz diskutiert, warum die Entscheidung getroffen wurde.

Material

verschiedene Fotokarten, pro Kind einen Stuhl sowie eine rote, gelbe und grüne Farbkarte

Differenzierung

Dieses Mal bewerten die Kinder die gezeigten Fotos nicht mit Farbkarten, sondern mithilfe von Gestik und Mimik.
grün = aufstehen und Daumen hoch

gelb = sitzen bleiben und ein fragendes Gesicht machen
rot = sich klein ducken und Daumen nach unten.
Danach nennen die Kinder die Gründe für ihre Farbwahl.

Wir alle wollen uns bewegen

Die Kinder bewegen sich auf ihren Plätzen zu dem Lied (Melodie: Ein Vogel wollte Hochzeit machen)

> *„Wir alle wollen uns bewegen, kräftig unsere Muskeln regen. Schaut den Würfel an, schaut den Würfel an, was er uns wohl sagen kann!"*

Ein Kind würfelt daraufhin und die Gruppe entscheidet, was sie immer machen, wenn diese Farbe gewürfelt wird. Zum Beispiel: auf der Stelle laufen, hüpfen, klatschen, auf die Oberschenkel patschen, auf einem Bein springen ... Diese Bewegung wird zum weiteren Liedtext ausgeübt:

> *„Jetzt ist laufen dran, jetzt ist laufen dran, jeder läuft so gut er kann! Jetzt ist laufen dran, jetzt ist laufen dran, jeder läuft so gut er kann!"*

Material

Mousepads oder Teppichfliesen, ein großer Farbwürfel

Auf dem Bauernhof geht es rund!

Die Stühle werden mit Abstand zueinander in einen Kreis gestellt. Jedes Kind erhält eine Tierkarte, merkt sich, welches Tier es spielt, legt die Karte auf den Stuhl und setzt sich darauf. Die Spielleiterin (oder gerne auch ein Kind) erzählt eine Geschichte vom Treiben auf dem Bauernhof. Sobald ein Tier genannt wird, bewegen sich alle Kinder, die die entsprechende Tierkarte bekommen haben, einmal um ihren Stuhl und setzen sich wieder hin.

Hier eine Beispielgeschichte: „Auf dem Bauernhof von Bauer Fritz, da wohnen viele Tiere. Es gibt Kühe, **Katzen,** Schweine, Hühner, einen Hahn, **Hunde** und ganz, ganz viele kleine Tiere, vor allem viele **Mäuse**. So klein, wie die **Mäuse** auch sind, sind sie dennoch mit Abstand die frechsten auf dem Bauernhof. Sie ärgern alle Tiere gern, aber am liebsten – na was meint ihr? – die **Katzen**! Der alte **Hund** guckt gelassen dabei zu, wenn die **Katzen** den **Mäusen** hinterherrennen und lächelt, wenn sie es nicht schaffen, diese kleinen, flinken Tiere zu fangen. Der **Hund** ärgert sich nur, wenn sich ein Tier leise und fast unerkannt an seinen Fressnapf schleicht. Manchmal sind das die

Mäuse, doch meistens die **Hunde** aus der Nachbarschaft. Dann wird er böse und der Alte saust bellend hinter den anderen **Hunden** her. Wenn die **Katzen** und Schweine das sehen, gucken sie sich diesen Wettlauf gelassen an und lächeln, wenn der Alte es nicht schafft, diese flotten jungen **Hunde** zu erwischen. Wie ihr gesehen habt, geht es auf dem Bauernhof von Bauer Fritz immer wieder rund mit **Maus, Katze** und **Hund!** Und wenn ihr wollt, gibt es bald eine neue Geschichte vom Bauernhof! Wisst ihr eigentlich, welches Tier am häufigsten gerannt ist?

Material

pro Kind einen Stuhl und eine Bildkarte, auf der entweder ein Hund, eine Katze oder eine Maus zu sehen ist

Kugelbahn und Gruppen-Kreis-Kugelbahn

Jedes Kind erhält ein Drainagerohr/Heulrohr, in das vorher eine Murmel hineingelegt wurde. Halten die Kinder ihr Rohr nun zusammen, so dass ein Kreis entsteht, können sie ihre Kugelbahn starten und werden sich vielleicht wundern, wie schön sie sich anhört.

Material

für jedes Kind ein biegsames, dünnes Drainagerohr aus dem Baumarkt (ca. 1 Meter Länge) oder ein „Heulrohr" (erhältlich bei großen päd. Firmen, aber teurer), Murmeln

Differenzierung

Wieder bekommt jedes Kind ein Rohr, aber nur in einem ist eine Murmel versteckt, alle bilden einen großen Kreis und halten die Rohrenden aneinander. Durch die Bewegung des Rohres mit Murmel soll nun

versucht werden, eine Gruppen-Kreis-Kugelbahn entstehen zu lassen.

Und hopp! Riesen-Bewegungs-Memory

Die Kinder legen ihre Mousepads mit Abstand zueinander in einen Kreis und stellen sich darauf. Die Teller werden zu einem 4x4 großen Feld in die Mitte gelegt, die Richtungspfeile im Uhrzeigersinn drum herum und zwei Kinder beginnen das Spiel nach den bekannten Regeln. Deckt ein Spieler unterschiedliche Karten auf, hüpfen alle Kinder im Kreis ein Mousepad im Uhrzeigersinn weiter. Wird ein Paar aufgedeckt, darf das spielende Kind beide Kartenteller behalten, alle Kreiskinder führen die dargestellte Bewegung durch und das Spiel geht wie gewohnt weiter.

Material

pro Kind ein Mousepad oder eine Teppichfliese, einige Richtungspfeile aus Moosgummi oder aus Mousepad geschnitten, sechzehn Papp- oder Plastikteller (auf die acht verschiedene Bewegungsformen gemalt sind)

Kreis-Gruppen-Kegeln

Alle Kinder versuchen von ihrem Platz aus, die Flasche in der Mitte umzukegeln, indem sie ein Leistenende festhalten, das andere Ende auf den Boden stellen und nun den Tennisball auf die Leiste legen und Richtung Flasche rollen lassen.

Material

pro Kind einen Stuhl oder ein Mousepad, zusätzlich eine Winkel-Leiste aus Kunststoff oder Holz (Baumarkt) sowie einen Tennisball, mehrere leere Plastikflaschen in der Kreismitte

Differenzierung

- Es wird mit kleineren Bällen gespielt.
- Auf die Flaschen werden Wertungspunkte geklebt, nach jedem Durchgang zählen die Kinder die Punkte der umgefallenen Flaschen zusammen. Wie viele Punkte könnt ihr zusammen erzielen?

■ Zwei Mannschaften spielen gegeneinander. Dafür werden rote und blaue Mousepads abwechselnd auf der Kreisbahn verteilt und die Teams treten zeitversetzt gegeneinander an. Welche Mannschaft kegelt mehr Flaschen um, bzw. sammelt mehr Punkte?

Bauklotz-Jagd

Zur Vorbereitung des Spiels werden die gleichen Farb-Mousepads mit Abstand zueinander jeweils in einen Halbkreis gelegt, so dass ein roter und ein blauer Halbkreis zu einem großen Kreis wird. Mit der Kreide wird nun ein kleiner Kreis in der Mitte gemalt und der Bauklotz hineingesetzt. Ziel ist es, den Bauklotz so mit den Bällen zu treffen, dass er über die Kreislinie der gegenüber stehenden Mannschaft rutscht. Jeder Ball, der durch den Raum rollt, darf aufgehoben werden und erneut zum Einsatz kommen, aber nur, wenn der Spieler dabei nicht das Mousepad verlässt. Für jeden Erfolg gibt es einen Punkt, sobald ein Kind das Mousepad verlässt, erhält die Mannschaft einen Minuspunkt.

Material

pro Kind ein Mousepad, einen Farbdeckel oder eine Teppichfliese (entweder rot oder blau), eine Winkel-Leiste aus Kunststoff oder Holz (Baumarkt), ein Bauklotz, Kreide, Schaumstoffbälle oder Tennisbälle

Poolnudel-Konzert

Die Grundidee dieses Spiels beruht darauf, rhythmisch-musikalisch mit der Gruppe zu arbeiten. Zu Beginn soll das sehr unbekannte Instrument gemeinsam kennengelernt werden. Das lässt sich gut mit einem Unwetter ausprobieren, das die Gruppe mit den Poolnudeln spielt. Von leichtem Wind (Nudeln auf dem Boden hin und her reiben) über Nieselregel (Nudel auf den Boden tippen) hin zu starkem Regen (deutlich fester tippen) bis zum Donnerschlag kann dies spielerisch umgesetzt werden. Eine gemalte Wetterkarte könnte zusätzlich zum Einsatz kommen, auf der unterschiedliche Wettervorhersagen gezeigt und umgesetzt werden.

Material

pro Kind eine Teppichfliese o.ä. sowie eine Poolnudel oder eine Papprolle

Differenzierung

- Bekannte Lieder werden mit den Poolnudeln begleitet.
- Das Lied: „Laurenzia, liebe Laurenzia mein" … wird gesungen, bei jeder Kniebeuge, wird zeitgleich die Nudel aufgetippt.

Die mit Abstand besten Bewegungs-spiele

Reifen – 10er Ball

Die Reifen werden im ganzen Raum verteilt, jedes Kind darf sich in einen Reifen stellen. Der Wasserball wird kreuz und quer durch den Raum gerollt/geschossen, dabei verlässt keiner seinen Reifen. Ziel ist es 10 Ballkontakte zu schaffen, ohne dass ein Kind seinen Reifen verlässt. Schafft es die Gruppe, machen alle bei 10 einen Siegsprung, drehen sich einmal im Kreis, wechseln die Reifen oder balancieren auf dem Reifenrand.

Material

pro Kind einen großen Holz- oder Plastikreifen, ein Wasserball

Differenzierungen

- Rekordversuch: Die Gruppe versucht, möglichst viele Ballkontakte zu schaffen, um ihren eigenen Rekord oder den einer zweiten Mannschaft zu verbessern.

- Die Zeit wird gestoppt, bis 10 Ballkontakte erfolgt sind.
- Verschiedene Bälle und auch Ballons können zum Einsatz kommen (je kleiner, desto schwieriger: Tischtennisbälle sind besonders herausfordernd)

Bälle-Rennen

Pro Mannschaft werden die Reifen in einer Reihe mit Abstand hintereinander gelegt, so dass bei zwei Mannschaften zwei parallele Reifenstraßen entstehen. Wieder sucht sich jedes Kind einen Reifen aus und stellt sich hinein, das hinterste Kind bekommt jeweils einen Ball. Auf ein Startkommando wird nun der Ball möglichst schnell von hinten nach vorne gerollt, das vorderste Kind läuft mit dem Ball nach hinten, gleichzeitig hüpfen alle Kinder einen Reifen nach vorne, so dass der letzte Reifen in der Reihe frei wird und das Spiel von vorne beginnt. Wenn jedes Kind wieder in seinem Ausgangsreifen steht, ist das Spiel vorbei und ein Mannschaftssieger ermittelt.

Material

pro Kind einen großen Holz- oder Plastikreifen, pro Mannschaft einen Ball

Differenzierung

- Mit der Ballgröße und der Aufgabe des Abspielens des Balles lässt sich die Schwierigkeit variieren.
- Richtig schwierig wird es, wenn der Ball bei jedem zweiten Spieler anders (durch die gegrätschten Beine, rückwärts ...) weitergegeben werden muss.

Überraschungs-Würfel-Fußball

Mousepads in zwei unterschiedlichen Farben werden im ganzen Raum durcheinander mit Abstand verteilt. Die Mitspieler werden in zwei Mannschaften eingeteilt. Jeder Mannschaft wird eine Mouspad-Farbe zugeteilt. Die Mannschaftsmitglieder verteilen sich auf den Mousepads. Mit dem Schaumstoffwürfel wird nun Fußball gespielt, fällt ein Tor, so zählt es so viele Treffer, wie der Würfel anzeigt. Bei einem weiteren Torerfolg wird die neu erzielte Würfelzahl zur alten dazu addiert.

Material

für jedes Mannschaftsmitglied ein Mousepad in der Mannschaftsfarbe, zwei Tore bzw. Tormarkierungen, ein Schaumstoffwürfel

Differenzierung

- Für kleinere Kinder: Nach jedem geschossenen Tor werden die erzielten Punkte neben dem Tor mit Strichen oder Punkten aufgeschrieben.
- Nach der Halbzeit wechseln die Mannschaften die farbigen Mousepads, spielen aber trotzdem weiterhin auf dasselbe Tor. Für ältere Kinder: Vor Spielbeginn werden Nummern auf die Mousepads geschrieben. Beim Tausch der Mousepads müssen die Kinder auf die nächst höhere Zahl der anderen Mousepadfarbe wechseln.

Nudel-Fangen

Ein Kind versucht als „Obernudel" mit einer Pool-Nudel in den Händen andere Kinder zu berühren und somit abzuschlagen. Jedes abgeschlagene (abgenudelte) Kind greift das freie Ende der Poolnudel des Fängers. Beide bleiben fortan zusammen und versuchen immer mehr andere Kinder zu fangen, die sich jeweils an die immer länger werdende Kette anschließen.

Material

pro Kind eine farbige Pool-Nudel

Differenzierung

- Sobald vier Kinder in einer Fänger-Kette sind, wird die Gruppe halbiert.

„Angler, Angler, du fängst uns nicht!"

Ein Angler steht mit einer Poolnudel-Angel alleine auf einer Raum-/Hallenseite. Alle Fische beginnen das Spiel, indem sie laut rufen: „Angler, Angler, du fängst uns nicht! Egal, was wir machen du fängst uns nicht!" Der Angler antwortet: „Dann kommt mal geschwommen/gesprungen/im Slalom/rückwärts" und versucht, mit seiner Nudel-Angel möglichst viele Fische zu fangen, also die Kinder mit der Pool-Nudel zu erwischen. Aufgabe der Fische ist es, gleichzeitig möglichst schnell und unbeschadet die Seite zu wechseln. „Geangelte" Fische verwandeln sich in Angler, nehmen sich eine Pool-Nudel-Angel und wechseln die Seite.

pro Kind eine Poolnudel

Tempo, kleiner Pinguin

Zur Vorbereitung werden die gleichfarbigen Deckel hintereinander in eine Reihe gelegt, die Startfelder werden durch ein Mousepad symbolisiert, auf das sich jeweils ein Kind zu Spielbeginn stellt. Es entstehen also parallele „Straßen" mit Abstand. Der Spielleiter würfelt, die Kinder rufen die gewürfelte Farbe und das entsprechende Kind, dessen Farbe gewürfelt wurde, hüpft auf seiner Farbreihe eine „Scholle" weiter. Wer zuerst die letzte Scholle erreicht, hat gewonnen.

Material

pro Spieler ein Mousepad, 10 Farbdeckel (10 rot, 10 gelb, 10 grün, 10 blau), 1 Farbwürfel mit den genannten Farben, andere Würfelseiten weiß überkleben

Differenzierung

- Alle anderen Kinder, deren Farbe nicht gewürfelt wurde, drehen sich einmal um die eigene Achse/ machen eine Kniebeuge/springen auf der Stelle.

Dies kann auch für die abgeklebten Würfelseiten
gelten, oder aber alle Kinder müssen ein Feld
zurückspringen, wenn Weiß gewürfelt wird.

- Auf einigen Deckeln gibt es Zusatzaufgaben:
  Handsymbol=Händeklatschen, Fußsymbol=2X
  Stampfen ...
- Am Ende jeder Farbreihe sitzt ein zweites Kind mit
  einem eigenen Farbwürfel, das ständig würfelt
  und nur laut die Farbe ruft, wenn die eigene
  Mannschaftsfarbe gewürfelt wurde. Wer zuerst
  auf der letzten Scholle ist, hat gewonnen. (Meist
  ist ein Schiedsrichter, der neben der Würfelgrup-
  pe steht, wichtig!).
- Als Staffel gespielt, wartet hinter jedem Startfeld
  noch ein Spieler, der loshüpfen darf, wenn der
  erste Spieler am Ziel ist und die Mannschaftsfarbe fällt.

Viele bunte Seifenblasen

Zu Beginn des Spiels nimmt die Spielleiterin einen Seifenblasenstab und lässt durch schnelles Bewegen ihres Armes Seifenblasen entstehen. Die Kinder beobachten, wie schnell sie platzen und begreifen, wie zerbrechlich sie sind. Jedes Kind stellt sich daraufhin in einen Reifen. Die Spielleiterin erzählt nun eine *Geschichte von der kleinen Seifenblase,* die kurz nachdem sie zur Welt kam, eine ganze Menge erlebt. Immer wieder läuft die kleine Seifenblase dabei Gefahr, zu zerplatzen, deshalb bewegt sie sich ganz vorsichtig durch ihre kleine Welt. Die Kinder nehmen ihre Reifen daraufhin in die Hände und bewegen sich zur Geschichte als Seifenblase durch den Raum. Dabei versuchen sie sich gegenseitig nicht zu berühren und auch der Spielleiterin auszuweichen, wenn diese sich nähert. Wie lange schaffen es die Seifenblasen-Kinder niemanden zu berühren, also unbeschädigt zu bleiben?

Material

Seifenblasen, pro Kind einen Gymnastikreifen

Differenzierung

- Die Kinder versuchen, einen kleinen Parcours (über ein Seilchen balancieren oder springen, von einem zum anderen bunten Deckel steigen, über eine Bank gehen ...) als Seifenblase zu durchlaufen, ohne mit anderen oder dem Material zusammenzustoßen.

Die laufende Kugelbahn

Die Kinder stellen sich mit ihrer Winkelleiste nebeneinander auf und halten die Enden, von unten gegriffen, nah aneinander. Nun wird der Flummi an den Anfang (Schenkel) der ersten Leiste gelegt und die Kinder versuchen, sie so zu halten, dass der Ball langsam zu rollen beginnt. Ziel ist es, den Ball von der ersten zur letzten Leiste rollen zu lassen, ohne dass er herunterfällt.

Material

für jedes Kind eine Kunststoff-Winkelleiste, ca. 1,25 Meter (gibt es in jedem Baumarkt), einen Flummi/Tischtennisball

Differenzierung

- Sobald der Ball auf die zweite Leiste rollt, läuft das erste Kind hinter der Gruppe ans Ende der Reihe und stellt sich erneut an. Die weiteren Kinder folgen ihm, sobald sie mit der Weitergabe des Balles fertig sind.

Autorennen

In der Turnhalle werden in jeder Ecke vier Mousepads (nummerierte Parkplätze von 1-4) mit ausreichend Abstand auf den Boden gelegt. Jede Ecke bildet so eine Mannschaftsgarage bei einem Autorennen. Vier Rennfahrer gehen pro Mannschaft an den Start und jeder stellt sich zu Beginn auf einen Parkplatz mit Nummer. Der Spielleiter ruft nun eine Nummer (z.B. Nummer 3) an den Start und gibt das Startkommando. Vier Kinder mit der Startnummer 3 aus vier Teams sind nun im Rennen und laufen einmal um die anderen Mannschaftsecken, bis sie wieder an ihrem Parkplatz ankommen. Der Gewinner erhält vier Siegpunkte, der nächste drei Siegpunkte usw. Gewonnen hat das Team, das am Ende der Saison die meisten Siegpunkte hat.

Material

16 Mousepads/Teppichfliesen/Bierdeckel

Bewegungs-Quips

Beim Spiel Quips haben die Spieler die Aufgabe, verschieden farbige kleine Spielsteine in eine bunte Vorlage zu legen. Die Farbe der Steine muss jeweils mit der Farbe der Vorlage übereinstimmen. Auch beim Bewegungs-Quips ist die Aufgabenstellung dieselbe, nur um ein Vielfaches bewegter. Die Kinder spielen verteilt sitzend auf dem Boden neben einer Spielvorlage, alle bunten Spielsteine sind im Raum auf dem Boden verteilt. Abwechselnd würfeln die Kinder nun mit dem Farbwürfel. Würfeln sie eine noch fehlende Farbe, so bewegen sie sich, wie zuvor vereinbart (Spinnengang, krabbelnd, robbend ...) bis zum nächsten Spielstein und legen ihn an die vorgegebene Stelle in die Spielvorlage. Gewonnen hat derjenige, der zuerst die Spielvorlage mit allen fehlenden Spielsteinen gefüllt hat.

Material

Tischspiel Quips, mehrere Farbwürfel

Der Zeitungs-Schleuder-Ball

Dieser Zeitungsball begeistert Kinder und hat vor allem beim Einsatz in Räumen eine recht lange Lebensdauer. Beim Basteln können die Kinder gut mithelfen.

Aus zwei großen Zeitungsbögen wird ein Ball geformt. Bunte Stoffbänder werden gebündelt und mit Tesafilm an den Zeitungsball geklebt. Mit dem Stoffquadrat/der Serviette umschließt man nun den Ball so, dass die bunten Bänder als Schweif heraushängen. Ein Kind hält den Ball an dieser Stelle fest, der Erwachsene bindet die Kordel fest um den Stoffrest, so dass ein Kordelrest entsteht. Jetzt kann der Ball werfend und schleudernd getestet werden.

Material

pro Ball braucht man Zeitungspapier, Stoffquadrat oder Serviette, in Streifen geschnittene, bunte Stoffbänder, ein Stück Kordel; pro Gruppe: Schere, Tesafilm

Löwensuche in der Stadt

Eine Variante der bekannten Bewegungsgeschichte „Die Löwenjagd" ist die „Löwensuche in der Stadt". Im Kreis stehend wird den Mitspielern anfangs erzählt, dass der Löwe aus dem Zoo weggelaufen ist und sie die Aufgabe haben, ihn wieder einzufangen. Daraufhin wird ein Sprechtext in kleinen Abschnitten vom Erzähler vorgestellt und von den Mitspielern nachgesprochen. Dazu bewegen sich alle wie folgt am Platz:

Wir gehen auf Löwensuche.

Wir haben keine Angst.

Wir haben unser Handy dabei,

ein Fernglas und ein Netz! *alle zeigen pantomimisch Handy, Fernglas und Netz*

Doch halt, was ist das? *Fernglas vor die Augen halten*

Eine superlange Straßenbahn! *mit dem Fernglas von rechts nach links gucken*

Man kommt nicht drüber weg, *strecken, Arme hoch halten*

man kommt nicht drunter durch	*bücken, Hände bis zum Boden führen*
man kommt nicht drum herum,	*mit Armen einen Kreis bilden*
Wir steigen einfach ein.	*pantomimisch Maske aufsetzen und im Reifen gehen*

Boah, ist das eng hier, boah ist das eng hier. Nix, wie raus! Hier ist er nicht!

Wir gehen auf Löwensuche,

wir haben keine Angst.

Wir haben unser Handy dabei,

ein Fernglas und ein Netz! *wie oben*

Doch halt, was ist das?

Ein enorm hoher Wolkenkratzer! *mit dem Fernglas in die Höhe gucken*

Man kommt nicht drüber weg, *auf dem Holz*
man kommt nicht drunter durch, *balancieren*
man kommt nicht drum herum,
wir müssen mitten durch.

Guten Tag, guten Tag, guten Tag … und schnell raus, hier ist er nicht!

Weitere Ideen

Ein riesengroßer Supermarkt (im Reifen pantomimisch mit Einkaufswagen fahren, Lebensmittel einladen): und hier noch was und da noch was ...; ein extrem großer Kindergarten/große Schule (anderen zuwinken); ein riesig großes Schwimmbad (springen und schwimmen): Schwimm, schwimm, schwimm; ein riesengroßer Fußballplatz (Arme hochstrecken): Laola-Welle mit allen.

Beim letzten Durchgang landen die Mitspieler im Wald, wo sie plötzlich den schlafenden Löwen entdecken. Weil sie doch Angst bekommen, rufen sie nun schnell mit dem Handy die Polizei an (110) und laufen den Weg zurück (hier werden alle genannten Stationen von hinten nach vorne wiederholt)

Material

Gymnastikreifen

Ampel-Spiel

Die Kinder legen die Farbdeckel wie eine Ampel vor sich und setzen/stellen sich auf das Mousepad. Sobald die Spielleiterin eine Frage stellt, dürfen die Kinder diese mit grün=ja, gelb=weiß nicht/bin unsicher und rot=nein selbstständig beantworten, indem sie schnell auf diese Farbe zeigen/springen. Daraufhin wird die Antwort noch einmal erklärt. Somit lassen sich neue Alltags-Regeln noch einmal wiederholen. Wichtige Anmerkung: Sobald Kinder sich immer wieder mal vertun, sollten die Fragen deutlich leichter gestellt werden, damit möglichst nie Situationen entstehen, in denen Kinder bloßgestellt werden könnten! Mögliche Fragebeispiele: Wo liegt grün? Bei welcher Farbe bleiben wir an der Ampel stehen? Welche Farbe hat die Sonne? Wenn man krank ist, sollte man dann alle umarmen? 1,5-2 Meter Abstand ist wichtig, wenn wir krank sind. Damit die Hände gut sauber werden, sollten wir sie waschen, wenn wir draußen waren.

Material

pro Kind ein Mousepad, einen roten, gelben und grünen Farbdeckel

Häschen hüpf

Bei diesem Spiel geht es darum, Abstände und Entfernungen für die Kinder erlebbar zu machen. Bevor der Spielspaß losgehen kann, werden mit Malerkreppband/Klebepunkten auf dem Boden 50cm Abstände in einer Reihe von 0- 3m markiert (bei größeren Gruppen zwei Reihen nebeneinander).

Zur Markierung des Startfelds (Hasenbau), des 1 Meterpunktes (Karotte) und des 3 Meterpunktes als Zielfeld (Karottenbeet) dienen Pappteller, die ebenfalls mit dem Kreppband auf dem Boden befestigt werden. Die Karotte markiert einen Abstand von 1m vom Startpunkt. Zwischen der Karotte und dem Karottenbeet liegen 2m.

Die Kinder stellen sich hintereinander in einer Reihe auf. Der Spielleiter nimmt eine Trommel/Triangel/Klangschale und fordert das erste Kind in der Reihe auf, bei jedem Schlag von einer 50cm Marke zur nächsten zu hüpfen. Bis zur Karotte braucht es 2 Schläge/Sprünge, nach dem vierten Schlag darf das zweite Kind in der Reihe loshüpfen und dann alle vier Schläge wieder eines. Die vier Schläge bzw. vier Hüpfer machen den geforderten Mindestabstand für die Kinder erfahrbar, 2 Hüpfer reichen nicht, denn damit ist nur ein Abstand von einem Meter gewahrt.

Material

Malerkreppband oder Klebepunkte, 3 Pappteller (bei größeren Gruppen 6 Pappteller), Trommel/Triangel/Klangschale

Die mit Abstand besten Rituale für den Alltag

Bringzeit: Bewegte Wartezonen

Auch, wenn unterschiedliche Bringzeiten für kleine Gruppen festgelegt werden sollten, kann es zu Wartezeiten vor Türen kommen, die mit unterschiedlichen, bewegten Aufgaben gefüllt werden können. Neben jeder Wartezone hängt eine Aufgaben-, Witz- oder Ideenkarte, die die Wartezeit verkürzen soll.

Beispiele

- Balanciert auf der Linie.
- Nehmt euer Kind auf den Arm und lasst es einmal um euch herum klettern.
- Spielt euch mit dem Fuß den Ball zu.
- Rennt ganz schnell auf der Stelle.
- Einer von Euch nennt eine Zahl, der andere gibt an, was in dieser Anzahl geübt werden soll.
- Malt einen Stein an und legt ihn in unsere Freundschaftsreihe vor dem Kindergarten/der Schule.
- Nehmt euch ein Stück Kreide und malt ein Herz auf den Boden.

Material

geklebte oder mit Kreide gemalte Linien, **Kreise**, Vier-
ecke, die von der Türe/vom Außengeländetor bis zu
den Gruppenräumen führen, laminierte **Aufgaben-**
karten, die neben den Wartezonen befestigt sind

Bringzeit: Witzige Begrüßung mit Nähe trotz Abstand

Jedes Kind darf jeden Morgen auf ein Begrüßungs-Bild zeigen, sich auf eine Abstands-Linie stellen und wird so vom Pädagogen, der auf der anderen Linie steht, herzlich und individuell begrüßt. Die Begrüßungs-Vorschläge können mit Hilfe der Kinder entwickelt und jederzeit erweitert werden. Beispiele:

- Handgelenke übereinander legen und mit den Fingern winken
- Mit den Fingern beider Hände ein Herz formen
- Sich selbst umarmen
- Sich umdrehen und durch die gegrätschten Beine winken
- Body-Percussion-Reihenfolge: Oberschenkel patschen, Hände klatschen, Schulter tippen, stampfen ...

Material

Zeichnungen/Fotos, auf denen neue Begrüßungsformen gezeichnet/mit Fotos erklärt sind. Zwei Linien, die direkt an der Eingangstür mit 1,5 bis 2 Meter Abstand geklebt sind.

Differenzierung

Dieses Begrüßungsritual kann alternativ auch für die Verabschiedung von den Eltern eingesetzt werden.

Bring- und Abholzeit: „Wie geht es heut"- Smileys

Während der Bringzeit/Abholzeit kann es ohne Weiteres zu kleinen Staus kommen und es bleibt keine Zeit für einen Austausch zwischen Elternteil und Pädagogen. Wenn die Kinder über das Außengelände/ den Schulhof gebracht/abgeholt werden, können unterschiedliche Emojis/Smileys, die in die Fenster geklebt werden und von beiden Seiten das gleiche Motiv zeigen, ein guter Ansatz sein, kurze Informationen non-verbal auszutauschen.

Material

verschiedene Emojis, die am Fenster hängen und von innen und außen zu sehen sind

Morgenkreis – Gewusst, wie!

Zur einfachen Vorbereitung des neuen Morgenkreises mit Abstand werden Klebepunkte in einen Kreis geklebt. Zur Morgenkreis-Runde können die Kinder dann selbstständig Stühle, Mousepads, Teppichfliesen, Farbdeckel, Kissen und andere Sitzgelegenheiten direkt im vorgesehenen Abstand auf dem Boden verteilen.

Material

farbige Rolle, Tesa-Permanent-Marking-Tape oder andere bunte Klebepunkte

Freispiel-Phase: Reisezeit

Die Reisezeit bietet einen spielerischen Umgang mit der Herausforderung, Kindergruppen in Infektionszeiten nicht zu mischen. Jedem Spielbereich der Kita wird eine Farbe zugeordnet (rot=Gruppenraum, gelb=Flur, grün=Außengelände, blau=Turnhalle, braun=Wald usw. Jede Gruppe startet den Vormittag im „Heimathafen", (dem eigenen Gruppenraum) in dem Ankommen, Begrüßung und Morgenkreis stattfinden. Zum Abschluss des Morgenkreises wird unter großer Spannung der Reisekoffer aus dem Umschlag genommen, der vorgibt, zu welchem Ort die Gruppe vor dem Mittagessen reisen darf. Der eigene Gruppenraum ist als Heimathafen immer zusätzlich nutzbar. Diese Idee lässt sich bei großen Außenbereichen im Sommer auch nur draußen umsetzen (grün=Wiese, rot=Fahrzeugplatz, gelb=Sandkasten ... Entsprechende Farbfahnen werden an die verschiedenen Außenbereiche gesteckt).

Material

pro Gruppe einen DIN-A4-Umschlag, in dem sich ein ausgeschnittener Koffer in einer Farbe (rot, gelb,

grün ...) befindet; farblich entsprechende Markie-
rungspunkte an unterschiedlichen Räumen in der
Kita

Lustige Händewasch-Ideen

Um Kindern effektives Händewaschen beizubringen, sollen neben den Liedern in diesem Buch zwei lustige Methoden vorgestellt werden.

- Idee 1: Kleine Smileys, Herzen, Sonnen oder auch Viren werden auf den Handrücken der Kinderhand gemalt. Nun gibt es zu beobachten, wie lange es dauert (Achtung: beim Edding tatsächlich Tage!) bis das Hände-Wasch-Erinnerungs-Merkmal weggewaschen ist! Das Rennen beginnt!
- Idee 2: Eine kleine Menge Glitzer wird in die Innen-Handfläche der Kinderhand gegeben und von den Kindern in beiden Händen verteilt. Älteren Kindern kann dabei erklärt werden, dass man Viren und Bakterien zwar nicht sehen kann, sie aber auch in einer sehr großen Zahl an unseren Händen sind, uns aber nicht schaden müssen, manchmal es jedoch tun, weshalb das Händewaschen auch so wichtig ist. Nachdem die Kinder den Glitzerstaub verteilt haben, dürfen sie ihn mit den Händen auf einem Bogen Papier, vielleicht auch am Türgriff, verteilen und merken

schnell, dass viele kleine Glitzer an Papier und
Türgriff zu sehen sind. Wäscht man daraufhin
effektiv die Hände, werden sie wieder sauber und
glitzerfrei.

Material

- Idee 1: Schminkstift, Filzstift oder Edding (vorher
  Allergien und Unverträglichkeiten abklären), Seife
- Idee 2: Seife, Glitzerstaub, Malblätter

Mittagessen: Wo ist mein Platz?

Sinnvoll ist es, wenn Kinder auch beim Mittagessen Abstände am Tisch einhalten. Essen in Kleingruppen, mehrere einzeln aufgestellte Tische mit nur einem Essplatz pro Tischseite, eine neue Buffetform, wobei sich jedes Kind individuell das Essen abholt oder bedient wird, sind denkbar und individuell zu überdenken. Damit Kinder wissen, an welchen Plätzen sie sitzen dürfen, können große, laminierte, grinsende Smileys als Platz-Sets und nette Orientierungshilfe dienen. Besonders witzig ist die Idee, die Smileys auf der Rückseite mit einem schlecht gelaunten Smiley zu bekleben, dann können die Kinder, bevor sie sich Essen holen, entscheiden, welche Smiley-Seite sie als Set haben wollen.

Material

pro Kind ein großes, laminiertes Smiley

Mittagsruhe/Ruhezeit: Ballon/Bälle-Wolken-Kissen

Um sich in der Ruhezeit ein schönes, gemütliches Plätzchen einzurichten, eignet sich ein Kissenbezug hervorragend, der mit Ballons so gefüllt ist, das kein Ballon platzen kann. Das funktioniert, wenn alle Ballons nebeneinander im liegenden Kissen verteilt werden, dass kein möglicher Ausdehnungsplatz bleibt. Auf dieses Kissen kann man sich sogar fallen lassen. Einen Versuch ist es wert! Die Alternative sind viele kleine Bälle aus dem Bällebad, das in Erkältungszeiten sowieso besser entleert werden sollte.

Material

Ein Kissenbezug mit Reißverschluss, aufgeblasene Luftballons oder viele Bälle aus dem Bällebad

Mittagsruhe/Ruhezeit: Ameisen-Wellness-Höhlenbau

Um sich richtig zu verkriechen, lassen sich mit Kartons und Farbe individuelle Höhlen bauen, die von Erwachsenen auch um Fenster erweitert werden können. Mehrere Höhlen nebeneinander in der Kuschelecke ermöglichen mehreren Kindern eine sehr gemütliche Hörbuch-Ecke.

Material

große Pappkartons, Farbe, Teppichmesser

Mittagsruhe/Ruhezeit: Kita- & Schul-Autokino

Für Kinder, die sich nach dem Mittagessen erst noch einmal bewegen wollen bzw. sollen, lässt sich im Außengelände eine Möglichkeit schaffen, wo sie nach einer aktiven Phase auch zur Ruhe kommen können. In der Zeit, in der die Kinder mit den Fahrzeugen ein paar Runden drehen, werden in einer möglichst ruhigen Ecke des Außengeländes Parkplätze mit Kreide gemalt (bei Wiesenflächen Seile ausgelegt). Die Kinder bekommen das Signal, auf den Parkplatz zu fahren, wo sie, auf dem Fahrzeug sitzend, eine Geschichte vorgelesen bekommen bzw. von Kindern vorgespielt bekommen.

Material

Bobbycars, Roller, Kettcars usw., Kreide, Kamishibai oder Puppentheater